아빠의 마음도
자라나는 중입니다

아빠의 마음도 자라나는 중입니다

- 아빠와 아이의 시간을 담은 성장의 시 -

현장원 지음

BromBooks
브롬북스

A Father's Heart Is Still Growing © JangWon Hyun 2025

아이를 낳아, 선하고 친절하며
윤리와 책임을 품은 인간으로 길러내는 일,
그것은 사람이 맡을 수 있는
가장 위대한 과업이다.

*Having children – the responsibility
of rearing good, kind, ethical, responsible human beings –
is the biggest job anyone can embark on.*

- Maria Shriver, American journalist and author -

들어가며

한때 저는 비혼주의자이자 딩크족*이었습니다. 언제나 제 삶이 가장 중요했고, 자유가 무엇보다 소중했습니다. 당연히 아이와는 거리가 아주 먼 사람이었지요.

그런 제게 사랑하는 사람과의 결혼이 찾아왔고, 어느 날 아이가 조용히 제 인생 안으로 들어왔습니다. '내가 과연 누군가의 부모가 될 수 있을까?' 처음엔 두려움과 망설임이 앞섰습니다.

하지만 아이를 처음 품에 안는 순간, 제 안에서 조용히 무언가가 피어남을 느꼈습니다. 아이와 함께하는 날들 속에서 이전엔 알지 못했던 기쁨을 하나씩 만나게 되었습니다.

처음 들은 웃음소리, 처음 건네준 말, 처음 마주한 눈빛 하나하나가 제 인생의 문장을 새롭게 써 내려갔습니다.

---

* '딩크족'은 맞벌이를 하면서 의도적으로 자녀를 갖지 않는 부부를 일컫는 말. 영어 단어 "Double Income, No Kids"의 약자인 DINK에서 유래함..

물론 늘 평탄하지만은 않았습니다. 지치고, 버겁고, 때로는 도망치고 싶었던 날도 있었습니다. 하지만 그 모든 순간을 지나고 나면, 언제나 더 깊은 사랑과 더 큰 행복이 기다리고 있었습니다.

이 책은 그렇게 쌓여 온 시간들을 차곡차곡 담아낸, 한 아빠의 일기와도 같은 기록입니다. 과거의 저처럼 아이와 만나기를 망설이고 있는 분들, 그리고 이미 그 길을 함께 걷고 있는 분들께 조심스레 건네는 마음이기도 합니다.

아이와 함께하는 삶은 내 삶을 잃는 일이 아니라, 오히려 내 안의 또 다른 나를 발견하는 여정이었습니다. 지금껏 알지 못했던 진짜 행복을 배워가는 길이기도 했습니다.

- 지은이 현장원 드림

차례

- 들어가며 · 6
- 차례 · 8
- 에필로그 · 190

네가 태어나던 날 · 14

처음으로 웃던 날 · 16

아빠와 단둘이 외출한 날 · 18

너의 첫 번째 모험, 자전거 · 22

짜장면 · 26

연날리기 : 하늘로 오른 웃음 · 28

수영장 · 32

병원 · 34

발레 · 36

첫 비행 · 38

피자 · 40

스키장 · 42

볼링 · 44

입학 · 46

첫 연주회 · 48

회장 선거 · 50

키 재기 · 52

부루마불 · 54

오목 · 56

줄넘기 · 58

배드민턴 · 60

수영 대회 · 62

워터 파크 · 64

돈까스 · 66

미용실 : 짧은 머리, 첫 용기 · 70

신발 사는 날 · 74

경주 여행 · 76

미술 대회 · 78

마트 나들이 · 82

인사동 · 86

처음 본 바다, 처음 탄 관람차 · 88

단풍 · 92

아빠와 함께 춤을 · 96

실내 낚시터 · 98

칼국수 · 102

햄버거 · 106

초콜릿 · 110

동물원 · 112

주산 대회 · 116

손톱 깎는 날 · 118

콜라 · 120

대청소 · 122

찜질방 · 124

뷔페 · 126

김장 · 128

기타 · 130

청국장 · 132

마라탕 · 134

비오는 날 · 136

절에 놀러간 날 · 138

그네 · 140

빵집 · 142

아이스크림 · 144

해리포터 · 146

인형뽑기 · 148

씽씽이 · 150

어버이날 · 152

축구 · 154

치과 · 158

도서관 · 162

달팽이 · 166

전주 한옥 마을 · 168

명동성당 · 172

제부도 · 176

갈매기 (제부도 Ⅱ) · 178

갯벌 · 180

동전 노래방 · 182

치킨 · 184

동굴탐험 · 186

눈썰매 · 188

아빠라는 이름이,

날 다시 자라게 하네.

네가 태어나던 날

사실, 아빠는 세상 누구보다
불안했고 두려웠단다.

엄마가 혹시 다치진 않을까,
작은 생명이
무사히 세상에 와줄 수 있을까.

그리고 내가
아빠로서 잘 해낼 수 있을지
수없이 되묻던 밤들이 있었지.

그러나,
고요히 숨 쉬는 너를 처음 마주한 순간,
아빠는 전혀 다른 세상에 들어섰단다.

낯설지만 놀랍도록 따뜻한,
새벽의 첫 빛처럼 맑은 아침.

너를 품에 안았을 때,
내 안엔 조용한 용기가 움트기 시작했단다.
새근새근 잠든 얼굴,
작은 손으로 내 손을 꼭 잡던 너.

그 순간, 아빠는 알았어.
사랑은 바로 이렇게 시작되는 거구나.

너를 품으며 배운 기쁨,
너의 이름을 부르며 깨달은 행복.

이제 아빠는,
네가 선물해 준 이 새로운 세상 속에서
날마다 고마움으로 살아가게 되었단다.

처음으로 웃던 날

무엇이 그리 즐거웠을까?
엄마 품에 꼭 안겨 까르르 터뜨린 웃음.
처음 듣는 그 소리에
아빠는 모든 걸 멈추었단다.
숨 쉬는 것조차 잊을 만큼.

정전기에 머리칼이 불쑥 서고,
가는 솜털들이 하늘을 향해
살짝 손짓하듯 일어나자,

거울을 본 너는 신기한 듯
다시 한 번 웃음을 터뜨렸지.

엄마도 너를 따라 웃고,
아빠도 너를 따라 웃고,
그날 우리 집은 웃음 열매가
환하게 열렸단다.

아빠는 그 순간을 마음 깊이 새겼어.
그 무엇과도 바꿀 수 없는,
가장 맑고 빛나던 시간이었지.

네가 태어나 세상에 처음 보여준 미소,
그건 단순한 웃음이 아니었단다.
사랑이었고, 기쁨이었고,
우리 가족을 하나로 묶어 주는 신비로운 노래였지.

너의 첫 웃음,
그리고 우리 모두의 첫 웃음.
그건 앞으로 우리를 이끌어 줄
가장 소중한 행복의 울림이었단다.

아빠와 단둘이 외출한 날

오늘은 처음으로
엄마 없이,
아빠와 단둘이 길을 나서는 날.

차에 오르자마자
아빠는 너의 안전벨트를
한 번, 두 번, 다시 한번 더
꼼꼼히 확인했단다.

혹시 헐겁진 않을까,
불편하진 않을까.
속으론 걱정이 몰려왔지만
겉으론 웃으며 힘차게 말했지.
"출발~!"

엄마 없는 첫 외출이
신기한 듯, 어색한 듯,
넌 내내 까르르 웃음을 터뜨렸어.

숲길을 걷다가
작은 네 손이 아빠 손을
꼭 잡아주던 순간,
불안하던 마음은
봄눈처럼 녹아내렸단다.

혹시 울진 않을까,
"엄마 보고 싶어" 하지 않을까
걱정했는데,
넌 단 한 번도
엄마를 찾지 않았어.

풀잎을 쓰다듬고,
나비를 좇고,
벌레를 보며 묻던 너.
"아빠, 저건 뭐야?"
눈빛은 별처럼 반짝였지.

그 호기심 어린 얼굴을 바라보며
아빠는 알았단다.
오늘의 작은 모험은
너에게도, 아빠에게도
새로운 시작이었다는 걸.

우리만의 첫 외출,
참 성공적이었어.
그날 아빠 마음에도
초록빛 자신감이
조용히 피어났단다.

너의 첫 번째 모험, 자전거

햇살이 유난히 따뜻하던 아침,
너는 핑크색 헬멧을 쓰고
작은 장갑을 낀 채
자전거 앞에 당당히 섰단다.

두 눈엔 설렘이 가득,
작은 발끝은 긴장으로 꼼지락거렸지.
엄마와 아빠는 네 곁에서
조용히 숨을 고르며 지켜보았단다.

처음엔 바람에 흔들리는 풀잎처럼
왼쪽으로, 오른쪽으로 자꾸 기울었어.
작은 무릎에 흙이 묻어도
넌 금세 일어나
다시 페달을 씩씩하게 밟았지.

"괜찮아, 아빠가 잡고 있어."
안심한 듯 앞으로 달려갔지만,
사실 그 순간 아빠의 손은
이미 자전거를 놓고 있었단다.

네가 모르는 사이,
두 바퀴는 네 힘으로
훨훨 앞으로 나아가고 있었지.

펄럭이는 티셔츠,
흩날리는 머리칼,
얼굴 가득 번진 환한 미소.

그 순간, 엄마와 아빠는
너의 안에서 '자유'라는 날개가
돋아나는 걸 보았단다.

그날 이후,
네 세상은 조금 더 넓어졌고
아빠의 마음도 한층 더 단단해졌지.

언젠가 아빠의 손이
완전히 닿지 않는 날이 오더라도,
너는 오늘처럼 용감하게
자신의 길을 달려가겠지.

아빠는 기억할 거야.
작은 두 바퀴가 처음 굴러가던 날,
네가 처음 세상 속으로
홀로 날아오른 그 순간을.

짜장면

너는 작은 의자에 앉아
김이 모락모락 피어오르는
짜장면 한 그릇을 받았지.

윤기 흐르는 까만 소스가
면발 위로 촉촉히 스며들자,
넌 호기심 어린 눈으로
아빠를 올려다보았어.

"이게 뭐야?" 묻는 듯한 눈빛,
아빠는 웃으며 젓가락을 들었단다.
너는 작은 손으로 서툴게 따라 하며
면발을 소심스레 끌어올렸지.

쭉 - 늘어나는 면발,
입가에 번진 소스,
까만 입술 사이로 터져 나오던
맑은 웃음소리.

그 웃음에 아빠 마음은
달콤한 소스처럼
포근히 녹아내렸단다.

그날 네 웃음은
짜장면보다 더 진하고,
그릇 가득한 소스보다
더 넉넉했어.

평범한 한 그릇이었지만,
너와 함께여서
그 짜장면은 세상에서 가장
특별한 맛, 추억의 맛으로
오래오래 남게 되었지.

연날리기, 하늘로 오른 웃음

겨울 하늘은 새하얗게 빛나고,
차가운 바람이 뺨을 스치던 날.
우린 작은 연 하나를 들고
넓은 공터로 나섰단다.

처음엔 연이 자꾸 땅에 떨어지고,
실은 이리저리 꼬이기도 했지.
하지만 네 두 눈은 포기를 몰랐어.
작은 손끝으로 실을 꼭 쥐고,
힘차게 달리며 외쳤단다.

"아빠, 간다!"

그 순간 연은 바람을 타고
훨훨, 하늘로 솟아올랐어.

네 얼굴은 햇살처럼 환히 빛나고,
볼은 장밋빛으로 물들었지.

실이 팽팽해질수록
네 웃음소리도 더 커졌단다.
"더 높이! 더 높이!"
그 목소리는 바람을 따라
구름 사이, 햇살 너머로 퍼져 나갔지.

하늘의 연은 춤추고,
땅 위의 너도 그 연처럼
환하게 웃으며
자유롭게 춤추고 있었지.

그날, 우리 가족의 웃음도
연처럼 훨훨 날아올라
겨울 하늘을 가득 메웠단다.

아빠는 기억할 거야.
네가 처음 바람과 친구가 된 날,
그리고 우리 행복이
끝없이 하늘로 날아오르던 그날을.

수영장

처음 수영장을 찾던 날,
넌 엄마 손을 꼭 잡고
조심스레 발끝을 물에 담갔지.
차갑지만 촉촉한 감촉에
작은 얼굴 가득 미소가 번졌단다.

아빠는 그 웃음이 참 신기했어.
혹시 엄마 뱃속에서 둥실둥실 떠다니던 기억이
잠깐 스친 걸까?
아니면 태어날 때부터
작은 인어공주였던 걸까?

손장구, 발장구,
물 위에 흩날린 방울들이
햇살을 받아 반짝이며 춤췄지.

너는 깔깔 웃으며
한참을 물장구쳤단다.
작은 손끝, 발끝마다
호기심과 기쁨이 반짝였지.

그러다 지쳤는지
따뜻한 수건에 포옥 감싸인 채
스르르 눈을 감고 잠이 들었어.

그날 물과의 첫 만남은
단순한 물놀이가 아니었단다.
너와 우리가 함께 빚어낸,
햇살처럼 반짝이는
우리 가족의 이야기였지.

병원

작은 이마에 열이 펄펄,
엄마 아빠의 가슴은
철렁 내려앉았단다.
가쁜 숨 몰아쉬는 너를 보며
우린 황급히 병원으로 달려갔지.

낯선 복도, 소독약 냄새.
엄마 품에 꼭 안긴 너는
조용히 눈동자를 굴리며
불안을 감추려 했단다.

"아 - 해볼까?"
의사 선생님의 다정한 목소리에
넌 작은 입을 살짝 벌렸어.
목도, 귀도, 차례로 살피는 동안
눈물이 맺혔지만
끝내 꾹 참아냈지.

엄마는 등을 살살 두드려 주고,
아빠는 몰래 안도의 숨을 내쉬었단다.
"크게 아픈 건 아니에요."
의사 선생님의 그 말에 우리 얼굴에도
비로소 웃음이 번졌지.

너는 배시시 웃으며
작은 손으로 엄마 머리카락을
살살 만지작거렸어.

그날 병원에서,
넌 아주 작고 조용한
첫 용기를 보여주었단다.

하얀 벽 사이, 소독약 냄새 속에서도
작게 번진 네 미소가
그 공간을 환하게 밝혔지.

발레

다리를 쭉 뻗고, 손끝을 고이 펼치며,
작은 발에 꼭 맞는 발레 슈즈를 신은 너.
조심스레 첫걸음을 내디뎠단다.

비틀비틀, 흔들흔들,
금세라도 쓰러질 듯한 발끝에
아빠 가슴은 콩닥콩닥,
혹시 다칠까 눈을 떼지 못했지.

그런데 넌 멈추지 않았어.
작은 어깨 위에 꿈을 올려놓고,
한 발, 또 한 발,
너만의 춤을 그려기기 시작했단다.

거울 속 표정은
누구보다 진지했고, 누구보다 빛났어.

그 작은 무대 위에서
넌 어느새 발레리나가 되어 있었지.

비록 처음이라 서툴렀지만,
그날의 넌 참 반짝였단다.

작은 발끝이 그려낸 한 걸음이
언젠가 커다란 무대로 이어질 거라,
아빠는 조용히 믿고 있었단다.

첫 비행

으아아앙~
비행기를 처음 탔던 그날,
넌 이유 모를 울음을 터뜨렸지.
낯선 기내, 낯선 공기,
귀가 먹먹했던 탓일까.

작은 얼굴은 금세 눈물로 젖고,
엄마는 품에 꼭 안아 달래고,
아빠는 옆에서 조용히 안절부절.
설렘으로 시작된 여행길은
순식간에 걱정으로 물들었단다.

승무원의 도움으로
조용한 뒷자리로 자리를 옮기고,
창밖의 하얀 구름도,
점점 멀어지는 땅도
그 순간엔 그저 낯설기만 했지.

하지만 곧 울음이 잦아들고,
엄마 품 속에서 눈을 감은 너.
작게 숨 고르며 잠든 얼굴을 보며
엄마 아빠는 서로 눈빛을 마주하며
조용히 안도의 미소를 지었단다.

그날, 우리 마음엔
두 가지 소망이 자리했어.
하나는 네가 자라서
그날 왜 울었는지 스스로 말해주길,
또 하나는 이렇게 작은 네 모습을
조금 더 오래 곁에서 바라볼 수 있길.

우리 가족의 첫 비행은
울음으로 시작했지만,
하늘 위에서 배운 건 낯설어도 괜찮다는 것.
언젠가 네가 다시 하늘을 마주할 때,
그날의 작은 울음은 미소로 바뀌어 있을 거야.

피자

아빠를 닮아 피자를 좋아하던 너,
드디어 네 손으로 만들 날이 왔단다.
쿠킹 클래스의 작은 테이블 앞,
두 눈은 초롱초롱 빛나고 있었지.

요리조리, 조물조물,
작은 두 손은 반죽 위에서 춤을 추고,
웃음이 방울방울 튈 때마다
주변 공기마저 환해졌단다.

치즈를 솔솔, 토핑을 콕콕.
토마토, 올리브, 햄, 옥수수를 듬뿍.

너의 진지한 눈빛 속에서
세상에 단 하나뿐인 피자가 태어났어.

"아빠, 이건 우리만의 특별한 피자야!"
살짝 속삭이는 그 말에
아빠 마음은 피자 위 치즈처럼
따뜻하게 녹아내렸단다.

화로 속에 피자를 넣고,
노릇노릇 익어가는 냄새를 기다리던 순간,
엄마도, 아빠도, 너도
모두 같은 설렘으로 가득했지.

짜잔! 드디어 완성된 너의 첫 피자!
호호, 김을 식히며 작은 입으로 한 입, 쏙~
맛은 물론 최고였단다.

노릇한 피자 향기는 사라졌지만,
그날 웃음소리는 아직도
아빠 마음 속에서
따끈하게 구워지고 있단다.

스키장

처음 스키장을 찾은 날,
세상은 온통 하얀 눈으로 덮여
마치 눈의 나라에 들어온 듯했단다.

쌩쌩 달리는 스키어들,
눈 위를 날 듯 미끄러지는 사람들을 바라보며
너는 작은 목소리로 속삭였지.
"나도 저렇게 타고 싶어!"

아직은 부츠도, 스키도, 눈길도
모두 낯설고 어색했지만,
네 마음만은
벌써 하늘을 나는 새처럼 자유로웠단다.

스키장 한 모퉁이,
김 모락모락 피어오르는 노란 포장마차.
종이컵에 담긴 따끈한 호떡 하나를
작은 손에 꼭 쥐고
조심스레 한입 베어 물던 너.

꿀 시럽 흘러내릴까
입술을 오므리며 웃던 얼굴에
엄마 아빠의 마음도
눈보다 환하게 빛났지.

그날 스키장의 겨울은
차갑지 않았어.
호떡의 달콤한 온기가
우리 셋의 계절을 따뜻하게 바꿔주었으니까.

볼링

콰르릉!
늘 스쳐 지나가기만 했던 단골 마트 옆 볼링장,
드디어 우리 가족도
처음으로 발걸음을 들였단다.

볼링장은 반짝이는 불빛과 사람들로 가득,
공이 구르며 쓰러지는 소리에
우리의 기대도 점점 커져 갔지.

볼링화를 신은 너는
작은 손으로 매끈한 공을 톡톡 두드리며
"이게 맞을까?" 고개를 갸웃했어.
네 첫 공을 고르던 모습이
아직도 눈에 선하구나.

드디어 차례가 돌아오고,
아빠가 첫 번째 공을 던지자,
콰르릉!
시원하게 스트라이크!

순간 네 눈이 동그래지며
"우와!" 하고 외쳤지.
사실 아빠도 속으로 놀랐단다.
그날따라 공이 어찌나 말을 잘 듣던지,
저절로 피식 웃음이 났어.

엄마는 두 손을 모은 채 환히 웃고,
우린 차례차례 공을 굴리며
아쉬움과 짜릿함을 번갈아 느끼며
볼링장 안을 웃음으로 가득 채웠지.

환한 불빛 아래,
굴러가던 볼링공,
그 뒤를 따라 번지던 네 웃음.
그날 볼링장은 작은 우리만의 축제였단다.

입학

설렘 한가득 안고
넌 엄마와 함께 옷장을 열었단다.
고르고 또 고른 새 옷,
거울 앞에서 환히 웃던 너.
엄마 눈빛에도 작은 별이 반짝였지.

아빠는 조심스레 사진기와 캠코더를 들어
오늘 하루를 고스란히 담으려 했단다.
찰칵, 찰칵.
렌즈 너머의 넌
아이 아닌, 자랑스러운 '학생'이었어.

학교 안은 북적북적,
아이들의 웃음과 꽃다발 향기가 뒤섞인 곳.
그 속에서 너는 또렷한 눈빛으로 서 있었지.

조금 큰 책가방이 어깨를 감쌌지만,
발걸음은 누구보다 당당했단다.

그 순간, 엄마 아빠는
왠지 모르게 말이 사라졌어.
뭉클한 가슴속에
'이제 진짜 시작이구나'라는 생각이 차올랐지.

드디어 우리도 학부모!
사랑스럽고, 조금은 낯선 그 호칭 앞에서
마음 깊이 다짐했단다.
네 하루하루를 지켜주고,
네가 하고 싶은 걸 마음껏 펼칠 수 있게
언제나 곁에서 응원하리라.

그날, 네 첫걸음을 함께한 순간은
우리 가족 모두의
또 다른 시작이 되었단다.

첫 연주회

오늘은 그동안 갈고닦은
너의 바이올린 실력을 보여주는 날.

심장은 콩콩 뛰고,
작은 손끝은 떨림을 감추려 애썼지만
네 눈빛만큼은 누구보다 진지했단다.

조명이 무대를 비추는 순간,
엄마와 아빠는 숨을 고르며
네 첫 선율을 기다렸지.

작은 어깨 위의 바이올린,
활을 든 손이 천천히 움직이자
시간이 잠시 멈춘 듯
모두의 시선이 너에게 모였단다.

투명한 음이 공기 위로 흩어지고,
차곡차곡 쌓인 멜로디가
홀 가득 퍼질 때,
우리의 가슴도 함께 떨렸어.

오늘 네가 연주한 건
단순한 음악이 아니었단다.
그건 네가 흘린 땀과 시간,
그리고 최선을 다한 마음에서 피어난 용기였지.

너의 연주가 끝난 순간,
엄마와 아빠는 알았단다.
너의 음악은 이미 우리 삶을
한층 더 깊고 아름답게 만들었다는 걸.

회장 선거

오늘은 드디어
네가 회장 선거에 도전하는 날.

우렁찬 목소리,
자신감 어린 표정,
연설에 힘을 더하는 자연스러운 손짓까지,
모든 게 준비되어 있었지.

연습할 땐
엄마가 옆에서 손에 땀을 쥐었고,
그 모습에 네 마음에도
살짝 긴장이 번졌단다.

하지만 무대에 선 순간,
너는 더 이상 흔들리지 않았어.
당당히 말했고,
진심을 전했으며,
너만의 방식으로 친구들의 마음을 얻었지.

그리고 집으로 돌아와
"회장 됐어!"
그 짧은 한마디가 울려 퍼지자,
우리 가족은 환호했고
기쁨이 파도처럼 번져 갔단다.

짜장면과 탕수육,
그날의 축하 파티 메뉴마저
너처럼 반짝였어.

자랑스러워, 내 딸.
이제 반을 위해, 친구들을 위해,
네 마음을 담아
멋지게 걸어가길 바란다.

오늘의 작은 리더가
내일의 따뜻한 어른으로 자라나길.
엄마 아빠는 언제나
네 곁에서 응원할 거야.

키 재기

우리 아기,
오늘도 키가 조금 더 자랐을까?

뒷꿈치를 가지런히 모으고
쭉 - 온몸을 뻗으며
"아빠, 나 키 컸어?"
하고 눈을 반짝이던 너.

아빠는 벽에 자를 대고
작은 연필로 또 하나의 선을 그었단다.
그 선 위로 차곡차곡 쌓인 날들이
네가 얼마나 자라고 있는지 보여주었지.

아직은 작은 키지만,
언젠가는 훌쩍 자라겠지.

밥을 맛있게 먹고,
간식을 즐겁게 나누며
튼튼하고 건강하게 커가는 너.
그 모습 하나하나가
엄마 아빠에겐 세상 무엇보다
소중한 선물이란다.

오늘의 작은 연필 자국이
내일의 커다란 나무가 되어
하늘을 향해 자라날 거야.

부루마불

드디어 우리 집에 도착한 부루마불!
아빠가 어릴 적 손꼽아 기다리던 놀이를
이제는 너와, 엄마와 함께 펼치게 되었단다.

너는 고사리 같은 손으로
작은 돈을 하나씩 세어 보고,
조심스레 건물을 올리며
"내 땅이야!" 하고 웃었지.

주사위는 데구루루 굴러가고,
네 눈동자는 반짝반짝 빛났단다.
나라들의 수도도 척척 기억해 내며
지도 속 도시들을
차곡차곡 마음에 담아내는 너.

거실 안엔 주사위 소리와 함께
하하 호호 웃음이 가득 퍼졌어.
"내 차례야!" 외치던 네 목소리에
엄마와 아빠는 더 크게 웃었단다.

그날, 작은 보드 위에서
우린 온 세상을 여행했고,
시간도, 걱정도 잠시 잊은 채
행복만이 빙글빙글 돌고 있었지.

주사위가 굴러가던 소리,
작은 손이 올리던 건물들.
그 순간들은 모두 별처럼 반짝이며
우리 가족의 하늘에 하나둘 담겨 있단다.

오목

오목을 처음 배우던 날,
넌 세상에서 가장 진지한 얼굴을 하고 있었단다.
작은 손에 꼭 쥔 까만 돌, 하얀 돌,
어디에 둘지 한참을 고민했지.

이마엔 땀이 송골송골 맺히고,
볼은 사과처럼 붉게 물들고.

사실 아빠가 살짝 져주었지만,
넌 환하게 웃으며 두 팔을 번쩍 들었지.
"아빠, 내가 이겼어!"
그 기쁨에 어쩔 줄 몰라 하던 네 모습에
엄마의 눈빛도 따스하게 빛났단다.

그날, 아빠는 또다시 깨달았어.
'아, 난 정말 딸바보구나.'

시간이 흘러,
이제는 네가 오목을 너무 잘 둬서
아빠가 아무리 애써도 이기기 힘들어졌단다.

가끔은 조금 아쉽기도 하지만,
그보다 더 크게 다가오는 건
네가 이렇게 잘 자라났다는 기쁨이지.

이제는 네가 아빠를 앞서가며
더 큰 세상을 향해 나아가고 있으니까.

검은 돌, 흰 돌 사이에 쌓였던 웃음이
이제는 너와 나 사이의 다리가 되어
앞으로도 오래도록 이어지기를,
아빠는 조용히 바란단다.

줄넘기

처음엔 줄넘기가
힘들고 어렵기만 했단다.
줄이 발에 걸려 넘어질 때마다
다리는 얼얼, 마음은 속상해
입술이 삐죽 나왔지.

그때 아빠가 말했어.
"줄넘기 하면 키가 커!"
그 한마디에 너는 눈을 반짝이며
다시 힘차게 줄을 넘겼단다.

슝~슝~
줄이 공기를 가르며 원을 그릴 때마다,
발끝이 땅을 콕콕 찍을 때마다
작은 심장은 더 크게 뛰었지.

가끔 주저앉아도 곧 일어나
씩씩하게, 넘고 또 넘어,
너의 리듬은 햇살 속에서 반짝였단다.

아빠도 옆에서 발을 맞춰 함께 뛰고,
엄마는 힘차게 응원하며,
우리 셋은 어느새
작은 줄넘기 운동회를 열었지.

그날의 줄넘기 소리는
마치 봄날의 작은 북소리처럼
네 안에서 자라날 용기를 두드리고 있었단다.

배드민턴

작은 손에 라켓을 꼭 쥐고,
하얀 셔틀콕은 파란 하늘을 가르며 날아가고,
너는 두 눈을 동그랗게 뜨고
라켓을 들어 다시 툭!

아직은 라켓이 조금 무겁고,
잠깐만 쳐도 팔이 금세 아팠는지
"아빠, 잠시 쉬자."
조심스레 말하던 너.

하지만 금세 다시 일어나
환하게 웃으며 달려오더니,
다시 한 번 라켓을 휘두를 땐
엄마와 아빠의 마음이 흐뭇했단다.

그리고 어느 순간,
아빠가 숨겨둔 실력을 꺼내
힘차게 스매시를 날렸지.

슝-!
셔틀콕이 바람을 가르며 땅으로 꽂히자,
넌 두 눈을 크게 뜨고
"와, 아빠 진짜 잘한다!"
하며 놀라 외쳤단다.

슝슝- 날아가던 셔틀콕,
그리고 네 환한 웃음소리.
그날의 소리는 지금도
아빠 마음속에서
경쾌하게, 오래도록 울리고 있단다.

수영 대회

오늘은 드디어,
네가 그동안 열심히 연습한 수영 실력을
마음껏 보여주는 날!

출발선에 선 네 얼굴엔
설렘과 긴장이 뒤섞여 있었단다.
엄마 아빠는 네 심장 소리가
멀리서도 들릴 것만 같아
함께 두근거렸지.

"파이팅!"
엄마는 두 손을 꼭 모으고,
아빠는 눈빛으로 너를 힘껏 응원했어.

드디어 풍덩 – 물속으로!
넌 물살을 가르며
힘차게 앞으로 나아갔지.

시간이 멈춘 듯
모든 시선이 너에게 모였단다.

순위는 중요하지 않았어.
끝까지 포기하지 않고
스스로 완주했다는 것,
그게 무엇보다 빛나는 순간이었단다.

네가 물 위에서 반짝이며 달려가는 동안,
엄마 아빠 마음속에도
뜨거운 감동이 파도처럼 일렁였어.

그날 물 위에서 반짝이던 너의 도전은
작은 파도가 되어
앞으로의 삶 속에서
더 큰 바다로 널 이끌어 줄거야.

워터 파크

그토록 기다리던 신비로운 물세상.

햇살 아래 반짝이던 물방울,
시원하게 울려 퍼지던 물소리.
네가 발끝을 물속에 담는 순간,
눈빛은 호기심으로 반짝였단다.

작은 구명조끼를 단단히 입고
아빠 옆으로 살짝 다가와
조심스레 손을 꼭 붙잡았지.
조금은 두려웠지만,
그보다 더 큰 설렘이
잔물결처럼 마음속에 빈져갔단다.

까르르 터지는 웃음소리와
철썩이는 물결이 하나가 되어
그날의 워터파크는 작은 축제가 되었어.

아빠 마음에도
햇살 같은 너의 웃음이 물들었단다.

처음 만난 물의 세계는
너에겐 신비로운 모험이었고,
우리 가족에겐 영원히 기억될
소중한 추억의 한 페이지였어.

그리고 마지막,
아빠는 워터슬라이드가 무서워 안 탔던 건,
우리 평생의 비밀로 간직하자꾸나.

돈까스

엄마가 가장 좋아하는 돈까스를 먹으러 간 날,
식당 안은 바삭한 향기로 가득했지.

따끈한 접시 앞에서
넌 호기심 어린 눈빛으로 바라보았단다.

"우리 아기도 먹어볼래?"
엄마가 작은 포크에 잘라 건네자,
넌 잠시 머뭇거리다 용기 내어 한 입.

바삭, 고소한 소리가 입안 가득 퍼지던 순간,
얼굴 가득 환한 웃음이 번졌지.

아빠는 그 모습을 보며
"역시 넌 엄마의 딸이구나." 하고 웃었고,
그 말에 우리 셋은 함께 깔깔 웃었단다.

작은 입으로 오물오물,
한 점도 남기지 않으려는 듯 집중하던 너.
이마에 송골송골 맺힌 땀방울에도
멈추지 않고 또 한 입, 또 한 입.

그날 이후 돈까스는
너의 가장 좋아하는 음식이 되었고,
식탁 위에 오를 때마다
너의 눈빛은 별처럼 반짝였단다.

세상엔 이렇게 맛있고 다양한 음식이 있다는 걸
조금씩 배워가는 너.

앞으로는 돈까스뿐 아니라
달콤한 디저트, 따끈한 국물,
아직 만나지 못한 새로운 맛들도
엄마 아빠와 함께 나누겠지.

그 모든 순간마다
우린 또 하나의 추억을
맛과 함께 새겨갈 거야.

돈까스 한 조각이 전해준 행복,
그건 단순한 음식이 아니라
우리 가족의 마음을 이어주는
따뜻한 선물이었단다.

미용실 : 짧은 머리, 첫 용기

책장 속에서 꺼낸 건
짧은 단발머리의 백설공주.

"나도 이 머리 하고 싶어!"
반짝이던 눈빛으로
손가락으로 머리를 가리킬 때
우린 놀랐지.

햇살에 반짝이며 춤추던 긴 머리,
허리까지 흘러내리던 그 머리를
정말 자르겠다니…

혹시 울지 않을까,
혹시 후회하지는 않을까.

하지만 네 눈빛은 확고했어.
작지만 흔들림 없는 결심.

슥삭, 슥삭,
가위 소리 춤추고
바닥엔 머리칼이 꽃잎처럼 흩날렸지.

순간, 거울 속에 나타난 건
전혀 새로운 너.

"짜잔!"
약간은 어색한 듯 웃으며 외친 그 목소리에
엄마 아빠는 비로소 안심이 되었지.

짧은 머리의 너는
조금 낯설었지만 더 사랑스럽고,
더 당차 보였어.

그건 단순한 머리 자르기가 아니었지.
스스로 선택한 첫 용기,
새로운 자신을 만난 첫 설렘.

아빠는 알았단다.
언젠가 네가 더 큰 선택의 길 앞에 설 때도
오늘처럼 당당히 웃을 거라는 걸.

신발 사는 날

오늘은 새 신발을 고르는 날.
아빠 손을 꼭 잡고 들어선 매장은
반짝이는 신발들로 가득한 작은 보물섬 같았단다.

날렵한 운동화, 알록달록 샌들,
모두가 "나를 골라 줘!" 하고 속삭이는 듯했지.

아빠는 미소 지으며 말했단다.
"뒤꿈치에 손가락 하나 들어가는 게 딱 맞는 거야.
발이 편해야, 걸을 때 행복할 수 있단다."

너는 작은 손으로 하나하나 신발을 만져 보며
곰곰이 생각했지.
"이건 너무 반짝거려."
"이건 색깔이 별로야."

하얀 운동화, 분홍 샌들,
알록달록한 신발들을 신중히 살펴보는 네 눈빛에
아빠는 흐뭇한 미소를 감출 수 없었단다.

그러다 시선이 멈춘 한 켤레.
발을 쏙 집어넣고 거울 앞에서 까딱까딱,
활짝 웃으며 말했지.
"아빠, 이거 좋아!"

그날 네 발에 꼭 맞았던
작고 소중한 신발 한 켤레는
단순히 걷기 위한 물건이 아니었어.
너의 설렘과 웃음을 담아
아빠 마음 깊이 새겨진 추억이 되었단다.

언젠가 네 발은 지금보다 더 커지고
훨씬 더 멀리 달려가겠지.
오늘 네가 고른 신발은
그 모든 여정의 시작을 열어 준
첫 길동무였단다.

경주 여행

이곳은 경주,
고요하고 아름다운 신라의 땅.
천년의 숨결이 스며 있는
아름다운 도시.

곡선을 그리며 하늘로 펼쳐진 처마,
그 앞에서 넌 신기한 듯 고개를 갸웃했지.
작은 눈동자가 반짝이며
무언가를 담아내려는 듯 빛났단다.

왕릉 앞에서는 잠시 멈춰 서서
묵묵히 바라보던 너의 모습,
그 순간 엄마 아빠는
말없이 네 곁을 지켜보았단다.

황리단길을 함께 걸으며,
작은 간식 하나에도 까르르 웃음이 퍼지고
사진 한 장에도 환한 미소가 담겼지.
햇살 가득한 오후,
그날의 경주 하늘은
참으로 평화로웠단다.

그날 이후 우리는
경주를 자주 찾게 되었어.
익숙하지만 매번 새롭고,
늘 설레는 시간들이 기다리고 있었지.

경주는,
시간이 천천히 흐르는 곳.
우리 가족의 추억이 차곡차곡 쌓이는 곳.
마음속 작은 쉼표처럼 자리 잡은
따뜻한 도시.

미술 대회

오늘은 특별한 날,
바로 미술 사생대회가 열리는 날이었지.

아빠는 소파에 앉아 TV를 보고 있었지만,
엄마와 너는 이른 아침부터 분주했단다.
도화지, 크레파스, 물감, 붓...
빠짐없이 챙기느라 작은 가방은 금세 가득 찼지.

그림을 누구보다 좋아하던 너는
이 날만을 손꼽아 기다렸단다.
"어떤 풍경을 그릴까?"
"어떤 색으로 마음을 표현할까?"
너의 마음 속은 설렘으로 가득했어.

햇살이 따뜻하게 내려앉던 그날,
돗자리를 펴고 앉아
멀리 보이는 산과 가까이 선 나무,
바람에 흔들리는 풀잎까지
네 눈은 모든 것을 꼼꼼히 담아냈단다.

손에 쥔 붓은 작은 보물 같았어.
색을 고르고 섞을 때의 진지한 눈빛,
천천히 선을 이어가는 모습은
작은 예술가 그 자체였지.

그림이 완성되자
엄마는 가장 먼저 두 손 모아 박수를 쳤고,
아빠는 서둘러 카메라를 꺼내 들었단다.

네가 그린 풍경 옆에 서서
해맑게 웃는 얼굴을 사진에 담으며,
그 순간을 오래 기억하고 싶었지.

도화지 위엔 풍경이,
우리 마음속엔
네가 쏟아낸 열정과 꿈이
한 폭의 그림처럼 새겨졌단다.

그날의 하늘처럼,
그날의 햇살처럼,
너의 마음도, 너의 미래도
언제나 맑고 아름답게 빛나길 바래.

마트 나들이

오늘은 우리 가족 모두 신나는
마트 나들이 날이었지.

커다란 장바구니 카트를 힘차게 밀며
너는 신난 얼굴로 입꼬리를 씰룩였단다.
엄마는 신중한 눈빛으로
야채며 고기며 하나하나 고르고 있었고,
그 틈을 타 아빠와 너는
슬그머니 발걸음을 옮겨
생선 코너로 향했지.

거기엔 얼음 위 차곡차곡 놓인
은빛 물고기들이 가득했단디.
반짝이는 비늘이 신기한지
너는 그 앞에서 한참을 서서 바라보다가
작은 목소리로 물었지.

"아빠, 이건 무슨 생선이야?"

아빠는 순간 머뭇거리며 당황했단다.
아빠는 생선을 잘 몰라
도무지 이름을 알 수 없었거든.

그 모습을 본 너는
까르르 웃음보를 터뜨렸지.
"아빠, 고등어도 몰라?"
"이건 갈치잖아, 아빠!"
작은 손가락으로 하나하나 가리키며
마치 선생님처럼 씩씩하게 말했단다.

물론, 지금에서야 말하지만
그건 고등어도, 갈치도 아니었어.
사실 아빠도 모르는 생선이었지.

하지만 괜찮았단다.
그 순간 우리에게 중요한 건
정답이 아니라, 함께 웃은 그 시간이었으니까.

장바구니 속엔 야채도, 고기도, 과일도
알차게 담겨 있었지만,
아빠 마음속 장바구니에는
그날의 웃음과 너의 반짝이는 눈빛이
소중한 추억으로 꽉꽉 담겨 있단다.

인사동

오늘은 기다리던 특별한 서울 나들이,
우린 손을 꼭 맞잡고 인사동으로 향했단다.

좁고 오래된 골목길을 걸을 때마다
전통 한옥의 처마는 마치 우리에게
부드럽게 인사하듯 예쁜 곡선을 그리고 있었지.
가게마다 줄지어 선 공예품들은
보석처럼 반짝이며 "어서 와!" 하고 손짓했단다.

하지만 그날 네 눈을 가장 반짝이게 한 건
다름 아닌 인사동의 맛있고 신기한 간식들이었지.

쫀득쫀득 늘어나는 꿀엿,
동글동글 달고나,
입안 가득 사르르 녹아드는 전통의 맛.
네 입가엔 금세 까르르 웃음이 번졌고,
작은 두 손은 끊임없이 간식을 집어 들었단다.

사람들로 붐비는 거리는
세계 곳곳에서 모여든 여행객들로 가득했어.
다들 환한 얼굴로 사진을 찍고,
화려한 한복을 차려입은 사람들 사이에서
너는 더욱 신이 났지.

"와, 여긴 진짜 다 재미있어!"
그날 네가 중얼거리듯 내뱉은 그 말 한마디가
엄마 아빠 마음속엔
따뜻한 햇살처럼 오래 남았단다.

그 순간 아빠는 깨달았어.
서울의 인사동이 특별했던 건
예쁜 골목이나 맛있는 간식 때문이 아니라,
그 모든 풍경을 즐겁게 누리며 웃던
너의 모습 때문이었다는 걸.

처음 본 바다, 처음 탄 관람차

바다.
끝없이 펼쳐진 푸른 물결 앞에서
넌 눈을 동그랗게 뜨고
한참을 바라보았단다.

"와... 이렇게 큰 물은 처음이야."
작은 입에서 흘러나온 감탄에
엄마 아빠는 웃으며 고개를 끄덕였지.

바닷바람은 시원했고,
모래는 발끝에서 사르르 흘러내렸단다.
조심조심 바다에 발을 담근 너,
물결이 발등을 간지럽히지
까르르, 웃음이 튀어올랐지.

잠시 뒤 우리는 관람차 쪽으로 향했어.
처음엔 무섭다며 움츠렸지만,
조금씩 높아질수록
창밖 풍경이 네 눈을 반짝이게 했단다.

"와, 저기 멀리 바다가 보여!
저기 배도 지나가!"
네 손끝이 가리키는 곳마다
멋진 풍경이 그림처럼 펼쳐졌지.

그때 아빠는
스마트폰으로 신나는 노래를 틀고
자리에서 살짝 일어나 춤을 추기 시작했어.
엄마는 웃으며 "여기서 춤은 좀…" 이라고
말했지만,

넌 깔깔거리며 외쳤지.
"아빠, 진짜 왜 이래~"
결국엔 셋 다 웃음보가 터져 버렸단다.

바다, 관람차, 춤, 웃음.
그 모든 것이 어우러져
우리 가족의 하루는 완벽했지.

그날의 푸른 물결은
우리 기억 속에서도
영원히 찰랑거리며 빛날 거야.

단풍

오늘은 아빠의 최애 리조트,
곤지암으로 단풍을 보러 가는 날.
아침부터 마음이 두근거렸고,
햇살과 하늘도 환히 우리를 반기고 있었단다.

리조트로 가는 차 안에서 아빠는 말했지.
"오늘 단풍, 정말 끝내줄 거야. 기대해도 좋아."

도착하자마자
빨갛고 노란 나무들이
불꽃처럼 활짝 우리를 맞이했어.
넌 눈을 크게 뜨고
"우와, 세상에   이렇게 예쁠 수가!"
하며 감탄을 터뜨렸지.

그런데 문득,
네 눈길이 단풍 너머 한 나무로 향했단다.
"아빠, 저 나무는 왜 하얀색이야?"
네가 손가락으로 가리킨 건
고요히 서 있는 자작나무 숲.
하얀 몸통에 검은 무늬가 점점이 박힌,
아름답고 담백한 나무들이었어.

아빠는 말하지 않았지만,
속으로 조용히 속삭였단다.
'역시 내 딸이구나.'

네가 좋아한 그 나무,
아빠도 오래전부터 사랑해온 나무였거든.

같은 곳을 바라보고, 같은 걸 좋아한다는 사실이
아빠 마음을 뭉클하게 만들었단다.

우린 함께 숲길을 걸었고,
낙엽 하나를 조심스레 주워 책갈피에 담았지.

오늘의 단풍 여행은
그저 예쁜 가을 소풍이 아니었단다.
서로의 마음이 닮았다는 걸
조용히 깨달은, 특별한 하루였지.

넌 몰랐겠지만,
그 숲에서 아빠는
많이, 참 많이 행복했단다.

아빠와 함께 춤을

종종 TV 속 아이돌 언니들을 따라
덩실덩실, 으쓱으쓱,
온몸을 흔들며 춤추던 너.

음악이 흐르면 망설임 없이,
작은 발로 무대를 펼치던 너였지.

"아빠도 같이 춰!"
반짝이는 눈빛으로 졸라대는 너에게,
춤엔 서툰 아빠도 결국 두 팔을 흔들며
엉거주춤 너를 따라 해보았단다.

네가 깔낄 웃으며 박수를 치고,
점점 더 신나게 춤을 출 땐
민망함도 사라지고,
아빠도 어느새 덩실덩실.

그날, 아빠는 속으로 참 다행이라 생각했어.
너와 함께 춤추기 위해 1층으로 이사한 게.
하지만 혹시나 윗집으로의
층간 소음이 걱정된 아빠는 항상 강조했지.
"춤은 꼭 매트 위에서만!"

네 몸짓, 네 웃음소리,
네가 좋아하던 그 음악이
우리 집을 작은 공연장으로 바꾸어 주었단다.

우리 딸, 아빠와 함께 영원히 기억하자.
그날, 우리 집 가득했던
행복의 춤을.

실내 낚시터

물고기에 유난히 관심 많던 너를 위해
오늘은 조금 특별한 이벤트가 준비된 날.
바로, 처음 찾아간 실내 낚시터였지.

낚시는 아빠에게도 낯선 세계.
낚싯대를 쥔 손끝이
사실은 너만큼이나 살짝 떨리고 있었단다.

처음엔 아무 일도 없었어.
물속을 가만히 들여다보며
천천히 흐르는 그 고요한 시간조차
우리에게는 웃음이 되었지.

"금방 잡힐까?" 엄마가 속삭이자,
너는 입술에 손가락을 대고 말했지.
"쉿! 물고기 도망가잖아~"
그 순간, 우린 모두 웃음을 꾹 참아야 했단다.

그러다 어느 순간,
'휙!' 낚싯대 끝이 흔들렸어.
"우와!"
온 가족의 목소리가 동시에 터져 나왔지.

물 위로 번쩍 떠오른 은빛 비늘,
파닥이며 줄을 흔드는 힘찬 몸짓.
너는 소리치고, 아빠는 우왕좌왕,
결국 주인 아저씨의 도움으로
첫 물고기를 무사히 낚아 올렸단다.

긴장이 풀린 아빠는 웃으며 말했지.
"이게 바로 진짜 낚시지!"
너는 눈을 반짝이며 대답했어.
"또 할래!"

잠시 쉬며 뽀송한 수건으로 손을 닦고,
김 모락모락 오르는 따뜻한 어묵 국물을
함께 나누어 먹었단다.

비록 바닷가도, 강가도 아니었지만,
그 작은 실내 낚시터에서
우린 함께 작은 바다를 만났고,
또 하나의 추억을 낚아 올렸단다.

칼국수

오늘은 우리 가족 모두가 기다리던 날,
따끈한 칼국수를 먹으러 가는 날이었지.

시원한 국물, 쫄깃한 면발,
달콤새콤한 김치 한 젓가락까지.
생각만 해도 벌써 군침이 돌았단다.

그런데 너는 참 신기한 입맛을 가진 아이였어.
고작 세 살 때부터 청국장을 좋아하고,
칼국수의 시원한 맛을 즐기던 너.

그럴 때마다 아빠는 늘 웃으며 말했지.
"정말 시골 할머니 입맛이야!"

식당 문을 열자,
커다란 냄비에서 모락모락 피어오르는 김,
팔팔 끓는 국물 소리와 구수한 향기가
우리를 환하게 맞이했단다.

음식이 나오자마자
너는 작은 젓가락을 들고
면발을 후루룩 맛보았지.
그 순간 엄마는 미소를 짓고,
아빠는 감탄을 감추지 못했어.

"바로 이 맛이야!"
그 한마디에 우리 셋은
눈빛만으로도 웃음을 나눴단다.

그날의 칼국수는
그저 따뜻한 한 끼가 아니었어.
웃음과 사랑을 듬뿍 담은,
우리 가족의 소중한 시간이었지.

언젠가 너도 기억하겠지.
어릴 적 좋아하던 칼국수의 맛,
그리고 그 옆에서 따뜻하게 웃던
엄마 아빠의 얼굴을.

햄버거

오늘은 아주 특별한 날,
드디어 햄버거를 마음껏 먹을 수 있는 날이었지.

아빠는 속으로 살짝 엉뚱한 희망을 품었단다.
"햄버거를 많이 먹으면, 우리 아이도
서양 아이들처럼 키가 쑥쑥 크겠지?"

하지만 늘 엄마의 단호한 한마디,
"오늘은 안 돼."
그 말에 햄버거는 언제나 뒤로 밀려났었지.

그런데 오늘은 달랐어.
엄마가 조용히 고개를 끄덕였고,
넌 믿기지 않는 듯 눈을 동그랗게 뜨며 물었지.
"진짜? 진짜 먹어도 돼?"

패스트푸드점에 들어서자
네 눈은 메뉴판 위를 이리저리 오가며 분주했단다.
잠시 망설이다가 결국
아빠가 늘 먹는 메뉴를 똑같이 고르는 너.

그 순간, 괜히 웃음이 났어.
'역시, 넌 내 딸이구나.'

햄버거를 크게 베어 물고,
입가엔 케첩이 묻고,
작은 손에는 감자튀김이 꼭 쥐어져 있었지.
까르르 터지는 웃음이
매장 안에 반짝이는 불빛처럼 퍼져 나갔단다.

그날 우리 가족이 먹은 건
햄버거 한 끼가 아니었어.
웃음과 사랑이 듬뿍 담긴,
특별한 추억이었지.

언젠가 너도 친구들과, 혹은 네 아이와
햄버거를 나눠 먹는 날이 오겠지.
그때 오늘처럼
환하게 웃으며 이야기해 주렴.
아빠랑 햄버거 먹던 그날, 참 행복했다고.

초콜릿

초콜릿을 처음 입에 넣던 그날,
넌 살짝 긴장한 눈빛이었지.

작고 동그란 조각 하나,
입안에 들어가자 처음엔 얼굴을 찡그리며 말했어.
"써!"

그 순간 잠깐 당황했지만,
이내 달콤함이 입안 가득 번지자
눈빛이 반짝이며 외쳤지.
"더 줘! 또 먹고 싶어!"

작은 손은 종이 포장을 조심스레 벗기고,
조각 하나하나를 차례차례 입에 넣었어.

하지만 너무 많이는 안 된다며
아빠가 슬쩍 말리자,
넌 고개를 절레절레 흔들며 졸라댔지.
"딱 하나만 더! 진짜 마지막 하나야!"

그 마지막은 몇 번이고 반복됐고,
초콜릿을 처음 만난 너의 세상은
그날, 분명 조금 더 달콤해졌단다.

그날의 초콜릿은
그저 단순한 간식이 아니었단다.
너의 미각을 새롭게 열어 주고,
우리 가족의 하루를 달콤하게 채워 준
작은 마법 같은 선물이었지.

동물원

처음으로 동물원에 간 우리 가족,
호랑이, 사자, 코끼리, 기린…
책 속에서만 보던 커다란 동물들이
눈앞에 나타나자
너의 얼굴엔 신기함과 두려움이 함께 피어났지.

엄마 손을 꼭 잡고
살짝 몸을 숨기던 너.
사자가 낮게 "으르렁~" 울부짖자
두 눈이 동그랗게 커졌고,
코끼리가 기다란 코를 흔들며 다가오자
작은 발은 본능처럼 뒤로 물러났단다.

하지만 곧,
너는 천천히 용기를 내더니
눈을 반짝이며 더 가까이 다가갔어.
"저기 봐! 기린이야!"
하늘을 향해 쭉 뻗은 목을 가리키며
네 목소리엔 설렘이 가득했지.

꼬마 원숭이처럼 이리저리 뛰어다니며
호기심 가득한 눈빛으로
모든 동물들에게 인사를 건네던 너.
엄마 손을 꼭 잡던 작은 손은
어느새 우리를 이끌었고,
동물 친구들과 마치 오래된 벗처럼
환하게 웃으며 어울렸단다.

처음엔 무서워했지만
금세 누구보다 씩씩해진 너.

그날 네 눈에 비친 동물원은
두려움이 설렘으로 바뀌며,
용기와 웃음이 가득한
너만의 작은 모험의 나라였지.

주산 대회

아빠가 추천해 준 주산을 시작한 너,
처음엔 고개를 갸웃하며 물었지.
"아빠, 이거 왜 해야 해?"
그 표정이 귀여워서
엄마 아빠는 몰래 웃음을 나눴단다.

하지만 시간이 흐르자
딸깍딸깍, 주판알이 굴러가는 소리와 함께
숫자와 금세 친해졌고,
친구들이 어려워하는 계산도
척척 풀어내는 네 모습에
자부심이 반짝 빛났지.

"난 암산 잘해!"
숫자에 대한 자신감은
날마다 조금씩 자라났단다.

그리고 드디어,
그동안의 땀방울을 시험하는 날.
수많은 아이들 틈에서
살짝 긴장한 네 모습에
엄마 아빠도 마음이 두근거렸지.

하지만 문제지가 펼쳐지자
너는 조용히, 차분하게
문제 하나하나를 풀어냈고,
마침내 자격시험에 당당히 합격했단다.

그날 우리 가족은
짜장면과 탕수육으로 작은 파티를 열었어.
젓가락이 바쁘게 오가는 동안,
기쁨과 뿌듯함이
따끈한 음식처럼 마음 깊이 스며들었지.

숫자를 풀던 작은 손이
언젠가 세상을 풀어낼 날이 오겠지.
그 길을 함께 응원하며 웃을 수 있다는 게
아빠에겐 무엇보다 큰 행복이란다.

손톱 깎는 날

손톱 깎는 날,
아빠 마음은 늘 조마조마했단다.
작디작은 네 손,
그만큼 손톱도 여리고 연해서
혹시라도 다칠까 늘 걱정이었지.

"싫어! 안 해!"
투덜대며 손을 꽉 쥐던 너.
아빠가 다가가면
너는 고개를 절레절레 저었단다.

아빠는 널 안심시키려 낮은 목소리로 속삭였지.
"금방 끝나. 아프지 않아."

그러면서도 손끝 하나하나를
숨죽이며 조심조심 다듬었단다.

작은 손톱 하나 깎는 일이
이토록 큰 마음을 쓰게 할 줄은
아빠도 몰랐단다.

손톱 깎는 날은
아빠에게 너를 향한 사랑이 오롯이 담긴
가장 섬세한 날이었단다.

콜라

아빠가 가장 좋아하는 음료, 콜라!
어느 날 너도 한 모금 마셔보고 싶어 했지.
하지만 엄마의 단호한 말,
"안 돼. 아직 어려서 안 돼!"

그러다 드디어,
특별한 날, 특별한 허락.
작은 입술로 콜라를 살짝 대었단다.

톡!
첫 모금에 얼굴을 찡그리며 말했지.
"이거 이상해!"
탄산이 낯설고 조금 녹하게 느껴졌던 모양이었단다.

다행이야.
아직은 콜라보다 달콤한 주스가 더 좋은 너.
남은 콜라는 아빠가 혼자 다 마셨지.
"조금 더 크면 같이 마시자꾸나."

세상엔 아직 너에게 천천히
다가올 것들이 많아.
콜라처럼 놀랍고,
때로는 톡 쏘는 순간들도 있겠지.

하지만 아빠는 믿는단다.
넌 잘해낼 거야.
아빠는 언제나 네 곁에서
든든한 친구가 되어 줄게.

대청소

고사리 같은 손에
작은 걸레 하나 쥐고,
마스크를 씩씩하게 쓰고,
방긋 웃던 너.

아빠도 방긋,
엄마도 방긋,
우리 집 대청소는
웃음으로 시작되었지.

윙~ 윙~
청소기 소리 따라
먼지도, 걱정도 훌훌 사라지고,
지나간 자리마다
깨끗함이 번졌단다.

"아빠, 나 잘하고 있어?"
바닥을 꼼꼼히 닦던 너,
아빠는 말없이
환하게 고개를 끄덕였지.

그날 너는
세상 누구보다 든든했고,
작은 손길이 스친 자리마다
집 안도, 우리 마음도
조용히 반짝였단다.

작은 손길로 닦아낸 건 바닥이었지만,
그 순간 네 마음엔
책임감이라는 반짝이는 새싹이
자라나고 있었단다.

찜질방

오늘은 우리 가족,
찜질방에 가는 날!

아빠는 소파에 기대어 TV를 보며
엄마와 네가 분주히 챙기는 모습을 바라봤지.
"여자들은 왜 이렇게 준비할 게 많을까?"
속으로 중얼거리며,
아빠는 은근슬쩍 간식을 떠올렸단다.

드디어 출발!
차 안 가득 기대와 웃음이 넘쳤고,
찜질방 문을 열자
따끈한 공기가 우리를 반겨 주었지.

노릇한 달걀을 톡 까 먹고,
식혜 한 모금 시원하게 삼키며,

뜨끈한 방바닥 위에 나란히 누운 우리,
셋의 웃음이 천장까지 퍼져 갔단다.

처음엔 낯선 열기에 놀란 듯하던 너,
엄마 손을 꼭 잡고
이 방 저 방을 신나게 오가던 모습이
아직도 눈에 선해.

그 순간 아빠는 조용히 깨달았단다.
"그래, 이렇게 평범한 하루가
가장 따뜻한 추억이 되는 거야."

그날 찜질방에서의 웃음은
온기가 가신 뒤에도 남아
집으로 돌아가는 길까지
우리 발걸음을 가볍게 했단다.

뷔페

뷔페에 가면,
엄마와 너는 세상에서
제일 신난 사람들 같았지.

커다란 접시를 들고 웃음 짓는 너,
그 모습을 보는 순간
아빠 마음에도 따뜻한 웃음이 번져났단다.

사실 아빠는 뷔페를 좋아하지 않았어.
너무 많은 음식 앞에서
무얼 골라야 할지 늘 망설였거든.
하지만 엄마와 네가 즐거워하는 그 모습 덕분에
아빠도 덩달아 신나게 발걸음을 옮겼지.

한 접시, 두 접시...
작은 손으로 야무지게 담아오는 너.

빵도, 과일도, 아이스크림도.
스파게티를 입가에 묻히며 까르르 웃던 모습은
지금도 눈에 선하단다.

그날,
우리는 배도 마음도
가득 채웠지.

하지만 꼭 기억하렴.
아무리 맛있는 것도
너무 많이 먹으면 탈이 나는 법,
세상 모든 일엔
적당한 조절이 필요하단다.

지금도 아빠는 기억해.
너랑 엄마가 아이스크림 세 바퀴째
접시를 들고 오던 그 순간,
아빠는 속으로 '오늘 저녁은 금식해야겠구나'
하고 혼자 웃었던 걸.

김장

겨울이 다가오던 어느 날,
엄마의 손끝은 바쁘게 움직였단다.
빨간 대야를 옮기고,
재료를 챙기는 일손에 너도 함께 했지.

커다란 대야 속,
빨갛게 번진 양념은
마치 따뜻한 불빛처럼 방안을 물들였단다.
엄마의 조물조물 손길엔
겨울을 이겨낼 힘과 사랑이 담겨 있었지.

"이렇게 하는 거야?"
처음으로 양념을 무쳐보던 너,
비닐 장갑 위로 붉게 물든 손을 번쩍 들며
해맑게 웃었을 때,
엄마 아빠는 서로 눈을 마주 보고
미소를 지었단다.

그날 우리 가족의 손끝에서
김치는 단순한 음식이 아니었어.
양념과 웃음이 함께 버무려지고,
사랑이 차곡차곡 쌓여
겨울의 준비가 되었단다.

시간이 흘러 김치가 맛있게 익을 때,
우리가 함께한 그날의 웃음도
김치처럼 깊고 진하게 남아 있겠지.

기타

오늘은 아주 특별한 날,
처음으로 아빠에게 기타를 배우던 날이었지.

작은 손가락은 굵은 줄을 꾹꾹 누르며
얼굴은 빨갛게 달아오르고
이마엔 작은 땀방울이 맺혔단다.

'띠리링~' 아름다워야 할 소리는
어설픈 '띵~'으로 자꾸 흘러나왔지.
너는 입술을 살짝 깨물며
더 단단히 줄을 눌렀단다.

그러다 마침내
맑고 고운 화음이 울려 퍼졌을 때,
네 얼굴엔 꽃처럼 웃음이 피었어.

아빠는 그 웃음을 보며 생각했단다.
"그래, 오늘의 이 순간은
평생 잊지 못하겠구나."

작은 손에 담긴 열정,
기타 소리에 반짝이던 눈빛,
오늘의 '팅가, 팅가'는
언젠가 너만의 무대에서 빛날
첫걸음이 될 거야.

청국장

엄마 아빠는 속으로 걱정했지.
"냄새 때문에 싫어하진 않을까?"
"어른도 망설이는 그 맛인데..."

구수한 향이 방 안 가득 퍼지던 순간,
너는 작은 숟가락을 들어
조심스레 한입 떠 넣었단다.

잠시 멈추던 너,
곧 반짝이는 눈으로 외쳤지.
"너무 맛있어!"

엄마 아빠는 놀라 눈을 마주치고,
곧 크게 웃음을 터뜨렸단다.
세 살 꼬마의 청국장 찬사라니,
작은 기적 같았어.

그 후로 청국장이 식탁에
오를 때마다
아빠 몫은 늘 줄어들었단다.

덕분에 아빠는 조금 억울했지만,
네 웃음 덕분에 하나도 아쉽지 않았지.

마라탕

청국장을 좋아하던 너,
이번엔 낯선 도전에 나섰지.
바로 얼큰한 마라탕.

아빠는 매운 걸 피하고,
엄마는 매운맛을 즐기니,
넌 과연 누구를 닮았을까?

국물 한 순가락,
눈이 반짝이며 외쳤지.
"맛있어!"

순한 맛이었지만
얼굴은 벌겋게,
물컵을 안고 벌컥벌컥,
입꼬리는 환하게 웃었단다.

아직은 매운맛이 낯설지만
언젠가 세상의 진한 맛,
뜨거운 순간들까지
씩씩하게 맞이하겠지.

그날의 마라탕은
작은 도전이었지만,
네 안에서 자라난 용기는
어떤 매운 세상 앞에서도
널 빛나게 할 거야.

비 오는 날

오늘은 우리 딸이
처음으로 장맛비를 만난 날.

노란 장화, 알록달록 우산,
작은 우비까지 챙겨 입고
우린 빗속으로 나갔단다.

처음엔 거센 빗소리에
살짝 움츠렸지만,
물웅덩이를 발견하자
두 눈이 반짝였지.

"철퍽! 철퍽!"
장화를 담그며 터뜨린 웃음,
우산 끝으로 하늘을 찌르며
비와 장난을 하던 너.

그날, 하늘은 잔뜩 흐렸지만
네 웃음은 모든 빗방울보다
더 맑게 반짝였단다.

이젠 장맛비가 오면
아빠는 우산보다 먼저
너의 웃음을 펼친단다.

절에 놀러간 날

아름드리 나무 아래,
커다란 미소가 고요히 앉아 있고
기와지붕 아래 바람조차
숨을 죽였단다.

너의 두 눈은 분주히 움직이며
이곳의 모든 빛과 그림자를
놓치지 않으려 애썼지.

험상궂은 얼굴 앞에선
살짝 몸을 숨기고,
따뜻한 눈빛 앞에선
조심스레 발걸음을 내딛있어.

두려움과 호기심이 뒤섞인 얼굴,
아빠 눈엔 그 모든 순간이
참으로 사랑스러웠단다.

사찰의 고요가 너의 마음에도
조용히 스며들던 그날,
낯설면서도 따뜻한 세상 하나가
새롭게 열리고 있었지.

그네

슈웅~ 슈웅~
그네가 높이 날아오를 때마다
네 웃음은 바람에 실려 퍼져 나갔지.

"더, 더 높이!"
작은 두 손은 줄을 꼭 잡고,
발끝은 하늘을 향해 힘껏 뻗었단다.

그 순간,
그네 위엔 하늘을 꿈꾸는 작은 새가,
그 뒤엔 조심스레 그네를 밀어주는
걱정 많은 아빠가 있었어.

"안돼, 안돼! 이 정도면 충분해. 위험하단 말이야."
"조금 더 세게, 조금 더 높이!"
그네를 두고 늘 벌어지는
아빠와 너의 옥신각신.

그네 위엔 하늘을 나는 모험가,
그네 뒤엔 걱정 많은 아빠.

햇살은 너의 눈동자 속에 번져 반짝였고,
그 웃음은 노을빛에 오래 남아,
흔들리는 그네처럼
아빠의 마음도 살짝살짝 흔들어 주었단다.

빵집

오늘은 새로 문을 연 빵집에 가는 날.
문을 여는 순간 퍼져 나온 고소한 향기가
우리 마음까지 따뜻하게 감싸 안았지.

빵을 유난히 좋아하던 너,
빵순이 엄마를 꼭 닮은 게 틀림없었어.
진열대 가득 놓인 갓 구운 빵 앞에서
넌 한참을 서서 고민했단다.

"어떤 빵이 제일 맛있을까?"
작은 손가락이 하나하나를 가리킬 때,
그 표정은 마치 세상에서 가장 중요한
결정을 앞둔 사람 같았지.

마침내 고른 빵을 두 손에 꼭 쥐고
크게 베어 물던 순간,
세상에서 가장 행복한 미소가
네 얼굴에 피어났단다.

그 모습을 보며 아빠는 알았어.
이렇게 작은 순간들이 모여
우리의 하루를,
그리고 우리의 인생을
따뜻하게 빚어낸다는 걸.

아빠는 빵을 함께 나누며 소망했단다.
빵처럼 포근하고,
또 빵처럼 부드러운 마음을 지닌
우리 딸로 자라나길.

아이스크림

아이스크림을 너무 좋아하는 우리 딸.
손끝이 시려와도 꿋꿋이 참으며
한 입, 또 한 입,
사르르 녹아내리는 아이스크림보다
더 달콤한 건 네 웃음이었지.

입가에 번진 초콜릿 자국,
그 위에 피어난 해맑은 미소는
아빠 마음을 또 한 번
따뜻하게 적셔 주었단다.

"많이 먹으면 배 아파~"
아빠의 염려에도
넌 까르르 웃으며 대답했지.
"괜찮아! 난 씩씩하니까."

하지만 몇 시간 뒤,
살짝 배를 움켜쥐며
"다음엔 조금만 먹을게…"
작게 속삭이던 너.

아빠는 속으로 다짐했단다.
'그래, 다음엔 작은 컵 사이즈로 주문해야지'

그날의 작은 배앓이는
달콤함에도 조절이 필요하다는 걸
스스로 배운 첫 수업이 되었단다.

해리포터

해리포터를 너무 좋아하는 우리 딸.
오늘은 작대기와 망토, 뾰족한 모자까지
온몸을 마법사처럼 꾸미고
거울 앞에 서서 씩~ 웃었지.

그 모습에 아빠와 엄마는
웃음을 터뜨렸단다.

거실 TV 앞에서
우리 가족은 모두 마법의 세계로 건너가
영화 속 모험을 함께 따라갔지.

해리가 어른이 되어서노
키가 크지 않았다는 말에
살짝 시무룩해진 너는
조용히 속삭였지.

"키가 많이 크고 싶어!"

그 말에 아빠는
너의 작은 두 손을 꼭 감싸며
마음 깊이 기도했단다.
"무럭무럭 건강하게,
해리처럼 용기 있는 어른으로 자라나기를."

그날, 마법은 화면 속에만 있지 않았어.
너의 웃음, 너의 상상,
작은 손에 쥔 마법봉 하나가
우리 거실을 마법의 무대로 바꾸었지.

그날의 추억도
마치 주문처럼 반짝이며 자라났단다.
아빠는 오늘도 소망해.
네가 꿈꾸는 모든 마법이, 모든 소망이
이루어 지기를...

인형뽑기

인형뽑기를 너무나 좋아하는 우리 딸,
어렵게 엄마의 허락을 받은 너는
상가 앞 뽑기 기계 앞으로 쏜살같이 달려갔지.

잡힐 듯, 잡히지 않는 인형 앞에서
입술을 삐죽 내밀며,
"한 번만 더! 진짜 마지막이야!"
간절히 말하던 너.

작은 손으로 조심조심 조이스틱을 움직이는 동안,
아빠는 숨조차 멈추고 응원했지.
그리고 마침내,
집게발이 인형을 쑥 삽아 올리는 순간!

"우와!" 놀라는 엄마,
"아악!" 더 크게 놀라는 아빠.

네 품에 안긴 인형 하나는
세상에서 가장 값진 보물이 되었고,
그날의 웃음은
우리 가족 마음 깊이 오래 남았단다.

그날 이후, 집안 곳곳엔
네가 뽑아온 인형들이 하나둘 늘어났고,
아빠는 속으로 다짐했단다.
'다음엔 기계 앞을 그냥 지나쳐야지.'

씽씽이

아빠가 어느 날,
마트에서 커다란 박스를 들고 왔지.
그 안엔 반짝이며 빛나는,
너만의 첫 씽씽이가 들어 있었단다.

아빠는 바랐어.
우리 딸이 조금 더 용감해지고,
조금 더 넓은 세상을 스스로 달릴 수 있기를.

엄마는 혹시 다칠까 걱정했지만,
아빠의 기대를 막을 순 없었지.

처음 씽씽이를 마주한 너,
기대 반, 두려운 반.
헬멧을 쓰고 핸들을 꼭 쥐고
한 발, 또 한 발 내딛을 때
아빠는 숨죽이며 곁에서 지켜보았단다.

하지만 역시,
우리 딸은 금세 바람을 배우더구나.
아슬아슬하던 발놀림은 곧
햇살을 가르는 씽씽 질주로 변했고,

"아빠! 나 혼자도 탈 수 있어!"
네 웃음이 환하게 터져 나왔지.
그 순간 아빠는
가슴 깊이 벅찬 기쁨을 느꼈단다.

그날, 아빠는 자전거를 타고
네 뒤를 따라 달렸어.
햇살은 따뜻했고, 바람은 상쾌했지.

우리 둘만의 속도로 달려가던 그 순간,
아빠는 세상에서 가장 행복했단다.

어버이날

넌 어젯밤부터 분주했지.
작은 손에 가위를 쥐고, 풀을 바르고,
색종이 꽃잎을 하나하나 접으며
엄마, 아빠 가슴에 달아줄
작은 꽃을 정성껏 만들었단다.

"아빠, 어떤 색 꽃 좋아해?"
노란색이라 대답하자
넌 망설임 없이 노란 종이를 골랐지.
그 순간 아빠 마음도
노랗게 환히 물들었단다.

곁엔 조그만 손편지 하나,
짧은 문장이었지만
그 안엔 네 마음이 고스란히 담겨 있었어.

그 모습을 바라보다
아빠는 깨달았단다.

이젠 내가 선물을 받는 사람이라는 걸,
네게서 "감사합니다."라는 말을 듣는 순간이
이토록 벅차고 따뜻할 줄 몰랐단다.

그리고 아침,
수줍은 미소를 머금고
네가 아빠 가슴에 작은 꽃을 달아주었을 때,
아빠는 속으로 조용히 되뇌었단다.

세상 무엇과도 바꿀 수 없는 이 순간,
노란 종이꽃 한 송이와
너의 진심이 담긴 글.

고마워, 우리 딸.
너로 인해
아빠의 매일은
어버이날처럼 따뜻하단다.

축구

축구공을 들고
우린 아파트 운동장으로 향했지.

혹시 발이 아프진 않을까,
혹시 넘어지진 않을까.
아빠 마음속엔 수없이 맴도는 걱정이
네 발걸음을 따라붙었단다.

"발 안쪽으로 차야 해."
발가락을 다칠까 조심스레 건네는 말에
넌 대답 대신 고개만 끄덕이고,
여전히 너만의 방식으로
자신 있게 공을 찼지.

공이 멀리 달아나도
금세 달려가 다시 차고,

비틀거리다 넘어질 듯하다가도
또 일어나 힘차게 달리는 너.

"괜찮아~ 아빠!"
짧은 그 한마디에
아빠는 가슴 가득
큰 박수를 보냈단다.

작은 손이 물병을 꼭 붙잡고
꿀꺽꿀꺽 들이키는 모습조차
아빠 눈엔 세상 가장 귀여운 장면이었어.

휴식은 잠시뿐,
다시 공을 향해 달려가는 너.
아직은 공이 낯설고
슛은 종종 엉뚱한 방향으로 날아갔지만,

아빠 눈엔 그 모든 장면이
세상에서 가장 멋진 경기처럼 빛났단다.

잔디 위 남은 작은 발자국,
해맑은 웃음소리,
그리고 너를 바라보는 아빠의 눈빛 속에
오늘 하루가 영원히 새겨졌지.

다음엔 축구화도 꼭 챙기자.
아빠랑 골 넣기 시합도 하고 말이야.
오늘 우리 딸, 정말 최고였단다.

치과

치익~ 치익~
낯선 기계 소리,
조금은 겁이 나는 치과.

먼저 엄마가
용기 내어 치료를 마쳤지.
작게 떨리던 목소리 속에서도
끝까지 해낸 엄마는 참 멋졌단다.

이윽고 불린 네 이름,
작은 손엔 땀이 맺히고
굳은 얼굴엔 긴장이 가득했어.

"괜찮아, 금방 끝날 거야."
아빠가 손을 꼭 잡고
조용히 속삭였지.

웅~~ 드릴 소리가 울려도
넌 눈을 질끈 감은 채
조금도 울지 않았단다.

잠시 후, 의자에서 내려온 너.
숨을 고르며 씩 웃더니
당당하게 말했지.

"아빠! 하나도 안 아팠어!"

그 순간, 아빠 마음은 뿌듯함으로 가득했단다.
무서움을 꾹 참고 해낸 네 모습이
세상 누구보다 자랑스러웠지.

치과 진료실을 나서는 발걸음,
이젠 작은 용기가
너를 더 크게 자라나게 하고 있음을
아빠는 조용히 느꼈단다.

도서관

오늘은 우리 가족
도서관으로 나들이 가는 날!

엄마는 이른 아침부터 분주했지.
도서관 갈 채비를 하나하나 챙기며
정성껏 김밥을 싸고, 물병도 준비했어.
그런데 늦잠을 잔 아빠와 너는
느릿느릿 세수를 하고, 멍하니 TV를 켜고 있었지.

결국 엄마의 눈썹은 하늘로 치솟고,
"빨리 좀 움직여요!"
단호한 목소리에
허둥지둥 옷을 챙겨 입고 신발을 후다닥 신은 우리.

드디어 출발!
엄마의 김밥을 가방에 넣고,

설렘을 안고 도서관으로 향했단다.

도착하자 시원한 에어컨 바람이
땀방울을 금세 씻어주고,
조용한 공간은 우리의 마음까지
차분히 가라앉혀 주었어.

넌 동화책 코너에 앉아 책장을 넘기고,
아빠는 잡지 몇 권을 펼쳤지.
엄마는 한쪽에 앉아
조용히 숨을 고르며 평온을 만끽했단다.

시간이 흐르자 배에서 꼬르륵 소리가 들려왔고,
"엄마, 배고파~"
넌 작은 목소리로 말했지.

우린 휴게실로 내려가
엄마가 싸 온 김밥을 펼쳐 놓았단다.
한 줄, 두 줄,
엄마가 직접 만든 김밥은 어디서 먹어도
세상에서 제일 맛있었어.

넌 음료수를 들이키며 환하게 말했지.
"오늘 너무 재밌어!"

그날 도서관에서의 하루는
책도, 김밥도, 웃음도 가득했던
따뜻하고 평화로운 시간이었단다.

바쁘고 복잡한 일상 속에서도,
이렇게 소소한 하루가
가장 빛나는 선물이라는 걸
아빠는 다시금 깊이 느꼈단다.

달팽이

비 오는 날,
우산을 나란히 쓰고
공원 길을 걷던 우리 가족.

촉촉히 젖은 풀잎 사이,
느릿느릿 기어가던 작은 친구,
달팽이를 만났단다.

작은 집을 등에 이고
묵묵히 길을 나서는 모습이
아빠 눈엔 참 부지런하고도 대견했어.

아빠가 조용히 속삭였지.
"천천히라도 포기하지 않고 나아가는 마음,
그게 가장 소중한 거야."

하지만 너무 멀리 나온 달팽이가
혹여 누군가의 발에 다치지 않을까 걱정되어,
아빠는 두 손으로 살짝 들어
안전한 풀숲에 내려놓았단다.

그 순간 넌,
작은 손으로 우산을 꼭 쥐고 활짝 웃으며 말했지.
"우리 덕분에 달팽이가
무사히 집에 갈 수 있겠지?"

풀숲에 내려놓은 달팽이는
살짝 고개를 들어
"고마워요." 하고 인사하는 듯 보였단다.
그 순간 빗방울도 반짝 별빛처럼 빛나며
우리를 칭찬해 주는 것 같았지.

전주 한옥 마을

기왓장이 고운 곡선을 그리는 한옥들,
조용하고 고즈넉한 골목길.
처음 마주한 너의 두 눈에도
그 풍경은 신기함으로 반짝였지.

작은 상점 앞에 멈춰
노릇노릇 구운 닭꼬치를 맛있게 나눠 먹고,
달고나 뽑기점에 들러
별 모양을 깨지 않으려
숨죽이며 바늘을 콕콕 찔렀지.

그리고 드디어 성공!
두 팔을 번쩍 들어 만세를 외치던 너,
예쁜 인형을 품에 안은 얼굴엔
세상 가장 환한 웃음이 피어났단다.

시간도 잊고 놀다 보니
배가 슬슬 출출해졌고,
우린 기대하던 전주 비빔밥집에 들어갔어.

"여기가 전국에서 제일 유명한 곳이래."
아빠 말에 네 눈이 동그랗게 커졌고,
매콤한 맛에도 용감히 숟가락을 옮기는 너를 보며
엄마, 아빠는 더욱 맛있게 밥을 먹었단다.

밤이 되어 한옥마을이
은은한 조명 속에 물들자
너는 감탄 하며 말했지.

"너무 멋지다. 우리 나중에 또 오자."

그날의 풍경, 그날의 맛,
그리고 네 웃음소리까지.
전주 한옥마을은
우리 가족 마음속에서
밤하늘 별빛처럼 오랫동안 반짝이며
잊히지 않을 노래가 되었단다.

명동성당

"우와~ 명동 성당이다!"
"이곳은 우리나라에서 가장 유명한
성당 중 하나란다."
아빠가 신나서 말하자,
너는 귀를 쫑긋 세우고
진지한 눈빛으로 성당을 바라보았지.

성당 안에 들어서자,
화려한 스테인드글라스가 햇살을 받아 빛나고,
하늘로 곧게 뻗은 천장이
우리 발걸음을 감싸 안았단다.
"와~ 안이 훨씬 멋져!"
네 감탄이 울려 퍼질 때,
아빠 마음에도 따스한 빛이 번졌어.

"세상엔 아름다운 건축물이 참 많단다.
그걸 하나하나 바라보는 것도
삶의 큰 즐거움이란다."
아빠의 말에,
넌 조용히 고개를 끄덕였지.

성당을 나와
명동 거리를 함께 걸으며
사진을 찍고, 이야기를 나누고,
세 사람의 발걸음엔 웃음이 가득했어.

잠시 후 우리가 향한 곳은
엄마가 가장 좋아하는 명동 칼국수집.
김이 모락모락 피어오르는 그릇 앞에서
우린 웃음꽃을 피우며
국수를 후루룩 나눠 먹었단다.

그날의 명동은,
멋있고, 맛있고,
무엇보다 마음까지 따뜻했던 하루.

성당의 종소리처럼 맑았던
너의 웃음을
아빠는 지금도 조용히 마음 깊이
간직하고 있단다.

제부도

바다가 갈라지더니
도로가 뙈악!
바닷물이 가득하던 그 한가운데
신비롭게도 반짝이는 길이 나타났지.

너와 엄마는 놀란 얼굴로
"와, 정말 신기하다!"
"이런 곳이 있다니!"
탄성을 터뜨렸고,
그 소리가 바람을 타고 퍼져나갔지.

푸른 바다, 넓은 갯벌,
자연의 신비가 가득한 그곳에서
우린 새로 생긴 신비한 바닷길을 천천히 걸었지.

서쪽 하늘은 노을로 물들고,
하늘과 바다가 포개진 풍경은
그림처럼 아름다웠어.

"아빠, 하늘 너무 예쁘다!"
말하던 너의 눈빛,
그 눈빛 속에 노을이 비쳤고
아빠 마음에도 따뜻한 빛이 번졌단다.

그날,
바다와 하늘, 그리고 너의 웃음이
한길로 이어지며
발자국마다 빛을 남겼단다.

그 빛은 파도에 지워졌을지 몰라도,
아빠 마음 속에서는
지금도 끝없이 이어지고 있단다.

갈매기 (제부도 II)

새우깡을 준비해 갔지.
너는 한 손에 새우깡 하나를 집어 들고
하늘 높이 들어 올렸지.

그 순간!
쏜살같이 날아든 갈매기 한 마리,
번개처럼 새우깡을 낚아채 갔지!

"와! 갈매기가 진짜 가져갔어!"
너는 깜짝 놀라면서도
눈을 반짝이며 웃었단다.

그런데, 큰일이 났어.
어디선가 몰려온 너무나 많은 갈매기 친구들,
갈매기들은 우리 주변을 맴돌며
너의 손에 들린 봉지를
노려보기 시작했지.

너의 작은 손에 들린 봉지에
갈매기들의 눈빛이 쏠리자,
넌 깜짝 놀라
새우깡 봉지를 휙 내던지고,
엄마, 아빠는
너의 작은 손을 꼭 잡고
함께 해변을 달렸지.

새우깡과 갈매기,
갈매기와 우리,
바닷가에서 느닷없이 펼쳐진 깜짝 추격전!

짧았지만 아찔했던 그 순간,
웃음은 파도처럼 번져 가고,
갈매기가 갑자기 안겨준
스릴 넘치는 재미났던 추억.
그 추억은 반짝이는 제부도 해변의 조개처럼
우리 마음에 오래도록 남았단다.

갯벌

갯벌에서 조개를 줍고,
지나가는 작은 게에게
"안녕!" 하고 인사하던 너.

장화를 신었지만
푹푹 빠지는 진흙 위,
힘겹게 한 걸음 한 걸음 내디딜 때마다
아빠는 너의 손을 꼭 잡아 주었단다.

작은 웅덩이 속,
바다로 돌아가지 못한
조그만 물고기를 발견했을 때,
"바다로 돌아갈 수 있겠지?"
"그럼, 물이 차면 다 돌아갈 수 있어."

아빠의 말에 안심하며 물고기를 바라보던
너의 눈동자가 맑은 바다처럼 빛났지.

갯벌 위에서 만난 생명들,
진흙 속에 숨어 있던
보물 같은 조개들.

낯설고도 신비한 자연 속에서
너는 웃고, 뛰고, 소리쳤지.
"아빠, 갯벌 너무 재밌어!"

그날의 갯벌은
너에겐 끝없는 놀이터였고,
아빠에겐
너와 함께한 바다의 기적이었단다.

동전 노래방

"아… 아… 마이크 테스트!"
드디어 우리 가족,
처음으로 동전 노래방에 간 날.

형형색색 조명이 반짝이는 작은 방 안,
"곰 세 마리가 한집에 있어~"
귀엽고 씩씩한 노랫소리에
엄마 아빠는 너무나 신나 손뼉 쳤지.

아빠는 오랜만에 팝송을 열창했고,
"와~! 아빠 노래 진짜 잘한다!"
네가 눈을 반짝이며 소리치자
아빠 어깨는 으쓱, 으쓱.

엄마는 부끄럽다며
노래 대신 응원만 열심히.

엄마의 박수 소리는
무대의 조명보다도 밝고 신이 났지.

마이크를 꼭 쥔 채
작은 방 안을 휘저으며
발을 동동 구르며 춤을 추던 너.
노래방은 어느새 너만의 무대가 되었지.

짧지만 눈부셨던
우리 가족의 첫 공연.
그날의 동전노래방은
아빠 마음속에서
지금도 끝나지 않는 앵콜로 울려 퍼진단다.

치킨

우리 가족 최애 간식, 치킨!
오늘은 평소에 먹어보지 못했던
새로운 브랜드의 치킨에 도전하는 날!

까만 예쁜 포장 상자를 보자마자
넌 눈을 반짝이며 기대 가득한 표정을 지었지.

"무슨 맛일까? 어떤 소스일까?"

설레는 마음으로 상자를 여는 너의 모습에
엄마, 아빠도 덩달아 즐거워졌단다.

가장 좋아하는 닭다리를 집어 들고,
두근두근하며 한입 베어무는 순간,

입가엔 미소가, 눈빛엔 감탄이 가득!
"진짜 맛있어!"라며 감탄을 터뜨리는 너.

엄마도, 아빠도 한입 두입 먹으며
새로운 맛에 감탄했고,
어느새 테이블 위 치킨은 하나둘 사라져 갔지.

하지만 그날, 아빠가 치킨보다 더 관심이 갔던 건
네가 신나게 먹는 그 표정.

온 식구가 한자리에 둘러앉아
웃고, 떠들고, 나누었던 그 시간.

우리 가족에게 치킨이 선물한
가장 맛있는 기억.

동굴탐험

찌는 듯한 여름 더위를 피해
아빠가 추천한 특별한 나들이, 동굴 탐험!

입구 앞에 섰을 땐
살짝 무서운 듯,
조심조심 아빠 손을 꼬옥 붙잡았던 너.
하지만 동굴 안으로 한 발 두 발 들어서자
"시원해~!" 하며 너무나 즐거워했지.

서늘한 공기와
천장에서 떨어지는 물방울,
바닥을 따라 흐르는 작은 개울,
그리고 형형색색 조명을 받은 종유석들까지,
모든 것이 너에겐 처음이었고, 너무나 신기해 했지.

계단이 많아 헉헉거리며 숨을 몰아쉬면서도
발걸음은 멈추지 않았지.

엄마도 아빠도
푹푹 찌는 여름 날씨를 잊고
동굴 속 자연의 신비로움에 즐거워했지.

한참을 걷고 나오던 길,
너는 어느새 씩씩하고 당찬 작은 탐험가가 되어
있었지.

그날, 우리 가족 마음엔
시원한 동굴의 기억이
한 조각 보물처럼 새겨졌단다.

눈썰매

눈썰매를 처음 탄 날,
살짝 겁먹은 얼굴로
차가운 눈 위에 앉아
아빠 손을 꼭 잡고 있던 너.

하지만 곧,
조금씩 앞으로 미끄러지며
새롭고 신나는 세상을 만났단다.

씽~ 씽~ 바람을 가르며 내려올 때,
작은 입에선 환한 웃음이 터졌지.

"하하하! 호호호!"

무섭다던 건 언제였는지,
넌 어느새 세상에서 가장 신난 아이가 되었고,

"아빠, 나 혼자서도 탈 수 있어!"
작은 손을 놓고
스스로 씽~ 달려 내려갔단다.

그날의 차가운 바람,
그날의 반짝이던 눈빛,
그리고 네 웃음소리.

눈 위에 남겨진 썰매 자국처럼,
그 순간의 기쁨은
아빠 마음속에도 길게, 길게
남아있단다.

에필로그

 인생은 단 한 번뿐이라 말합니다. 하지만 저는 아이를 통해 인생을 두 번 살아가는 기분을 느낍니다. 두 번째 삶은 더 따뜻했고, 더 깊었고, 더 눈부셨습니다.

 방황하던 시절도 있었습니다. 삶이란 무엇인지, 어떻게 살아야 하는지 답을 찾지 못한 채 떠돌던 때가 있었지요. 그토록 어지러운 마음속에 아이가 조용히 들어왔고, 마치 나침반처럼 내 인생의 길을 밝혀 주었습니다.

삶은 때때로 새로운 길을 내어줍니다. 그 길은 사람마다 다르지만, 누군가를 사랑하고 함께 살아가는 경험 속에서 비로소 발견되기도 합니다. 저에게 그 길은 아이였고, 덕분에 삶은 다시 숨을 고르며 새롭게 시작될 수 있었습니다.

아이에게 고맙습니다. 나를, 내 인생을, 그리고 세상을 다시 사랑하게 해줘서.

— 지은이 드림

아빠의 마음도
자라나는 중입니다

아빠와 아이의 시간을 담은 성장의 시

초판 1쇄 발행 2025년 10월 1일

지 은 이	|	현장원 지음
펴 낸 곳	|	브롬북스(BromBooks)
출판등록	|	출판등록 : 제2019-000252호
주　　소	|	서울시 강남구 봉은사로 317, 3층
전　　화	|	070-7563-7775
이 메 일	|	brombooks07@gmail.com
홈페이지	|	www.jeffstudy.com

저작권자 | ⓒ 2025. 현장원

이 책 내용의 저작권은 저자에게 있습니다. 서면에 의한 저자와 출판사의 허락 없이 내용의 일부 혹은 전부를 인용 및 복제하거나 발췌하는 것을 금합니다.

책값은 뒤표지에 있습니다.
잘못 만든 책은 구입하신 서점에서 교환해 드립니다.

ISBN : 979-11-994146-0-0(03810) ,브롬북스 도서번호 L00743297